En skugga blir till

#enhaikuomdagen

Haiku och foto
Anne Scheffer Leander

Skapad och producerad på
Strandhagen Lundarhage
Gotland våren 2019
©Anne Scheffer Leander 2019
Förlag: BoD - Books on Demand, Stockholm Sverige
Tryck: BoD-Books on Demand, Norderstedt, Tyskland
ISBN: 978-91-7463-735-9

Låt allt hända nu
Menar inte framtiden
utan nu vid fem

I svalare rum
lever stillade nätter
Ute rasar allt

En dag känns som två
när den börjar så tidigt
Den ena tar slut

Stranden värmer mig
Himmel och hav ligger tätt
Blåögda som barn

Havet en vass egg
på horisonten i kväll
Ögonen blöder

Stammarna badar
i månljus hela natten
En mycket tyst lek

När solen gått ner
kommer värmen tillbaka
för att vara snäll

Gräset så grönt nu
Det skriker: jag är här nu,
jag leker sommar!

Leker i natten,
urskiljer ljud ur mörkret
Ger saker mening

Vi vaknar tidigt
Ut och släpper fram dimman
Drar nåt över mig

Går upp men blir kvar
kroppen där i sängen än
Såg du mig alls gå

Finns det flera rum
än de vi har gått in i
frågar jag oss nu

Krasse gul som sol
Sommarben som cyklar än
Drömmar i det blå

Ögonen blöder,
så mätta på sol och hav
Och då blir allt rött!

Huvudet en bok
Ögonen en kamera
Kroppen en pensel

Vinden känns inte
men stenar skramlar i natt
Tystnad vid stranden

Varm vind från havet
slingrar sig runt fötterna
Som en skön smekning

Stenarna sover
Månen badar bredvid mig
Bara jag blir blöt

Det är som det ska
Havet älskar vågorna
och jag håller dig.

Hör en radiopjäs
och elva sekundmeter.
Träden viker sig

Norrhimmel ser när
moln suger upp månskäran,
så blek och ensam

Alla känner en
sommarnatt, hur den doftar,
hur den tas från dig

Kylan tar värmen
Det gå att ta på dimman
hårt och så plötsligt

Ett hav av blåeld
rinner bredvid vägen hem
Tar ett varmt bad sen

Sälta, salvia
Solvikta vågor vänder
mot viken igen

Ett ljummet korsdrag
Alla dörrar öppna nu
Sommar flyttar in

Kvällen skapar ett
solgaller mellan träden
Håll mig kvar här

Fönstret flyger upp
gardinerna hoppar ut
Måste sova nu

Havet ändrar färg
rakt framför mina ögon
Som redan är blå

Vi står i blåsten
och vårdar våra minnen,
viskar åt varann

Då frågar du mig
Var kommer havet ifrån?
Hör inte svaret

Stirrar in i det
som är kvar av sommaren
vill inte blunda

Ljuden kommer snart,
bara du väntar in dem
Havet, vinden, skratt

Stadigt grepp om dig
Möter dig i svallvågor
Och en båt på svaj

Något har startat
Oxeln släpper torra löv
som spår på gräset

En vill ha kärlek
en annan vill mer ändå
Sen somnar alla

Solen klättrar upp
utefter väggen och in,
drar av mig täcket

Fötter mot marken
Ansiktet mot himmelen
Och allt som oftast

Guldgula bladbad
Svart kaffe på trapp i sol
Viken helt i strass

Så går jag igen
och släcker lamporna
när stjärnorna tänds

I ovädersmoln
och med mönster som av kaos
Flyter dagar fram

Blåser runt ett hörn
springer rakt in i hösten
Försök fånga mig

Vaknar vid brasan
Söta smultron i din mun
tills solen går ner

Ormbunksskogarna
De hukar där ute nu
Redo att snåra

Sticker ut näsan
först i skymningen en dag
En räv smyger fram

Om bara fötter,
hittar vägen tillbaka
på morgonsvalt gräs

Molnen är svarta
Som färgerna stannat kvar
på andra sidan

Så den morgonen,
tunn frost på ögonlocken
Men solsken i blick

Hör vinden rycker
En måne balanserar
på just min trädtopp

Påfågelblått hav
och femton i byarna
Känsliga ögon

Känner igen mig
just i den här korsningen
Sekunder från rött

Mörka vägar hem
ett pärlband i vägrenen
skarpa ljus larmar

Hjärtat har flyttat
upp i huvudet på mig
Eller, det tror jag...

Värmer insidan
vid kakelugnens brasa
Slösar med tiden

Väst, sydväst vid sjön
Det skummar mot strandlinjen
I evigheten

När jag möter det
vänliga i ögonen
Och helt enkelt vet

Stygg, stygg blåst ikväll
Snygg himmel, försöker le
Snubblar på kastanj

Mörkt river blåsten
Regnet på svarta vägar
Ljuset speglar sig

Ekorren pilar
över vägen, räven med
Hjärtat i bröstet

Livet vid vatten
en plats där mitt i skogen
Skogsgrönt lagunbad

Kalkstensstigarna
Vattendamm på bara ben
Försök stå stadigt

Där tittar du fram
nyfiken, som på riktigt
och får syn på allt

Inget att rädda
om inget betyder nåt
Glöm inte bort det

Äntligen stjärnklart
Här finns inget ljus som stör
Hur mörkt kan det bli?

Letar mig hem nu
Det är nåt med tystnaden
Den tar emot mig

Så börjar dagen
Medan jag ser på, vaken
Över grantoppar

Väderleksrapport
Blundar. Dagens poesi
Helljus och halka

Vinden mot dig nu
Tills du vänder dig helt om
Då får du vingar

I det enastående
Där möter vi nog varann
Det har vi bestämt

Letar efter blått
Finns djupt i det svarta med
Som när vi blundar

Det finns liv här med
På andra sidan havet
Så nu vet ni det

Hallå där skogen!
Som ett öppet grönt hjärta
Och en vårlik bäck

Slumrar till regnet
och det lätta trummandet
Så lätt mot min hud

Trött, ledsen och våt
Ändå genomunderbar
Nu och för alltid

Behåll något nu
Som lugnet till exempel
Och varma vantar

Förväntan rinner
ner över kullerstenar
I tid efter tid

Hundra rosa moln
Guldmålade talltoppar
Djupa andetag

Vägen silvervit
Havet väsnas i mörkret
efter första snön

Vattenpussarna
som blänker i motljuset
Silvermynt på rad

Oigenkännlig
Men du känner färgerna
på doften ändå

Det doftar timjan
Som en solvarm promenad
Blunda, det är mörkt

Frostrosor smälter
i värmen från våra liv
Stjärnor trillar ner

Tyst, mörkt osynligt
känner doften av kallt hav
Och anar kraften

Varsamheterna
I blicken, i rörelsen
Plötsligt tar de slut

Alla dessa mil
har just vi rest tillsammans
Hit och ingenstans

Innan jag vaknar,
sepiaröda drömmar
Berget ger svart sand

Plötsligt ser du dem
Svarta stammar i svart jord
Och himlen brinner

Alla fönster står
på vid gavel i natten
Spårljud i fjärran

Femhundra dagar
och sen en liten stund
är allt som behövs

Svarta bokstäver
vräker sig över ytan
men kastas omkull

Tårar salta som
Indiska oceanen
Simmar i drömmen

Däcken river upp
Och lervattendropparna
ligger som pärlor

Du där i dimman
andas på fönstret i natt
Skriv meddelande

Tiden drar vatten
Sanden torkar upp dagen
Mörkret lyser upp

Eftertexterna
över manglade lakan
Och luft fuktig het

Du kommer hem med
månvit strand, aftonstjärna
och varma händer

Jag tappar aldrig
bort någonting, någonsin
Sjukt störigt alltså

Det fattar en ju
Det blåser på månen nu
Och du försvinner

Skymning och gryning
så lika, så lätta att
bara tappa bort

Missat tåget nu
står kvar här på perrongen
Bländad av solen

Ovan vid skuggor
från lampor som följer mig
hela vägen hem

Och de här torgen
känner jag, och människor
som bor här, ännu

Om och om igen;
Gräset lever av daggen
och dricker sig mätt

Du möts av ingen
Det kommer inte hålla
Se så stark jag är

Stjärnklaraste natt
En stormfågel flyger in
Jag springer mot mörkt

En skugga blir till
Sakta kryper den ur dig
Och håller dig kvar